Meine Gedichte - Alice Helen Grass

2023/2024

AF287008

Falle in meinen Sessel aus schwarzem Samt
Zerfließe so weich und so sanft

Bibliografische Information der Deutschen Nationalbibliothek: Die Deutsche Nationalbibliothek verzeichnet diese Publikation in der Deutschen Nationalbibliografie; detaillierte bibliografische Daten sind im Internet über dnb.dnb.de abrufbar.

Die automatisierte Analyse des Werkes, um daraus Informationen insbesondere über Muster, Trends und Korrelationen gemäß §44b UrhG („Text und Data Mining") zu gewinnen, ist untersagt.

weitere Mitwirkende: BOZR, Cuervo negro

Verlag: BoD · Books on Demand GmbH, In de Tarpen 42, 22848 Norderstedt, bod@bod.de
Druck: Libri Plureos GmbH, Friedensallee 273, 22763 Hamburg

ISBN: 978-3-7693-5582-6

INSTAGRAM
ALIG030

AliciousG

So richtig **Am Arsch**

Der **Zirkus** meines Lebens

Santa Maria steht an meiner Seite

Wie ein **Flamingo** auf einem Bein

Doch das **Orakel**

Der **Warschauer** Straße

Namens **Viktoria**

Legt nen **Schimmer** über mich

Doch **TekTek** hilft aus

Frieden en el **Rancho**

Nenn mich **Sandfrau**

Savage

Finde mich in einer **Tropfsteinhöhle**

Freundschaft ist mir das Wichtigste

Kalt und warm gebadet

Vom **Trickster**

Doch meine **Boobs** geben mir halt

Wieder ist **AliG im Urbankrankenhaus**

Anti Liberal? Was soll das sein?

Mein **Scheiterhaufen**

Deine **Einigkeit und Recht und Freiheit**

Skepsis überall

You are insane, doch das weißt du selbst

Du gibst: **Übler Beigeschmack**

Irgendwer Irgendwo Irgendwann

Fokus Po Kuss

Halts Maul

Denn **wahre Liebe**

Ist **Mehr als nur Worte**

Sheytans Höhle

Fühlt sich an wie **Treibsand**

Hier bin ich ein **Pessimist**

Wat soll ich sagen Bruder

Männer lol 3.0

Bin **Kurz verschwunden**

Nur **Im Takt des Feuers** überlebe ich

AliciousG

Seit wann sitzen Tauben auf Bäumen
Ein gedoppeltes Leben
Ein Fluch, mein Segen
Verführt mich in seine Hinterräume
Zerstört meine Träume
Die Wolke sieht aus, als würde sie in kleine Teile zerfallen
An eine Klippe prallen

LA PATRONA

LA CHOLA

LA CHINGONA

Alle um mich herum tanzen und lachen
Doch ich muss nach Luft schnappen
Stehe am Rand und wippe mit
Mich zusammenreißen
Weine leise
Er's behindert mein Kopf
Das nimmt mir niemand niemals wieder weg
Bin reingezeckt
Verkrieche mich in meinem Versteck
Zwischen Himmel und Hölle
Da wo es mir am besten geht

Am Arsch

Mit dem Haken unters Kinn
Augenringe leuchten schrill
Ein starrer Blick auf der Suche nach Sinn
Gefesselt im Schrank
Überall Motten
Einer macht Schluss
Der andere fragt mich nach 'nem Schluck
Krank krass kacke
Mit 'nem Messer in meiner Jacke

Bin so am Arsch
Erkenn mich kaum wieder
Was ein Scheiß
Verloren in der Tiefe meiner Schlucht
Ich knie mich nieder
Tagelang meinen, das war's nicht wert
Immer stark sein zu müssen
Die Fehler anderer auszubaden
Schokolade durchzogen von Maden
Ein Revolver mit 31 Küssen
Die Kugel durch mein gutes Herz
Einst gebadet in Schmerz
Den einen möchte ich teilen
Den anderen möchte ich meiden
Hab die Hälfte vergessen
Der Rest hat mich gemacht
Zu der, die ich bin
Von Gerechtigkeit völlig besessen
Bis ich selbst verschwind

Zirkus

Der Boden schwankt, doch ich geh' starr
Ein Weg, der endlos, doch unsichtbar war
Die Achterbahn meines Lebens
Mein Bruder, ein Schatten
Ist still verschwunden, ohne ein Wort
Ließ mich hier zurück an diesem dunklen Ort
Das Leben zieht sich
Wie ein unendlicher Faden
Der in alle Richtungen reißt
Jemand, der einen Körper übern Zócalo schmeißt
Ich habs gesehen, blieb niemals stehen
Gestalten ziehen, sie schleichen, sie zerren
Dämonen, die mich in Stille sperren
Mein Vater, gefangen im Nebel, verdreht
Mutter, die lacht, doch niemand versteht
Ein Mädchen, das sich in Schatten dreht
Ein Gedanke, der im Wirbel verweht
Einer der sie prostituieren will
Drei Male fiel der Vorhang schwer
Doch im Zirkus stirbt man nie wirklich mehr
In Träumen fall ich, stürze ins Nichts
Doch der Morgen bricht niemals aus dem Licht
Ist das normal? Ein Flüstern, das hallt
In meinem Herzen bleibt alles kalt

Santa Maria

Dein Dasein
Machts mir schwerer
Die Idee deines Nichtseins
Machts mir unmöglich
Verwöhne mich
Nimm mir Zeit nur für mich
Die ich genieße
Ich sprieße
Ohne Drama
Seh mich nicht
Brauch das nicht
Will das nicht

Flamingo

Im flutenden Wasser
Verhextes Bingo
Im blutenden Fluss
Von unten immer nasser
Nach oben hin ist Schluss
Ein Kuss würde reichen
Wieder einer dieser Tricks
Male, ohne was zu streichen
Ja, Kaki...
Weil ändern...tut das nix

Orakel

Im Dunst der Nacht
Zigmal verspeist und 100x zerpflückt
Verschwunden und wieder ausgespuckt
Mache mich nackt
Aber du fickst mich nicht
Den Knoten in meinem Hals
Heruntergeschluckt
Das, was mich zu dem macht
Entzieht mir mal hier und mal da mein Licht
Trag es wie meinen heiligen Schmuck
Den ich niemals ableg
Obwohl er mich von innen zersägt
Verrückt, denn eigentlich will ich das nicht
Will mich ausziehen
So auf komplett
Siehst du den Schmerz in meinem Gesicht
Magst du ihn mir nehmen
Verdammt, ich bin verhext
Du schmeckst so elend nach Erlösung
Sodass es mich zerdrückt
Ich renne weg
In den Nabel meiner Schöpfung

Warschauer

Wie eine Frucht
Getränkt im süßen Nass
Wie eine Sucht
Macht viel zu viel Spaß
Ein bisschen zu viel
Wie eine Sünde
Aber aus guten Gründen
Leben im Untergrund
Gut verschanzt
Und wundern sich dann
Über den Untergang
Eine Jugend, die nur tanzt und Drogen nimmt, kommt niemandem in die Quere
Angespannt die Atmosphäre
Mein Rhythmus des Lebens liegt im letzten Wagon der U1
Ich steige ein
Die Lichter sind aus auf der Kurfürstenstraße
Und wieder an am Nollendorfplatz
Kleiner Superstar
Große Frage
Ein versteckter Schatz
Sein Avatar
Im Schatten steht das Licht
Die Wahrheit gibt es nicht

Ganz ehrlich keine Beleidigung aber Viele Ketten, Oberschenkel wie ein Radfahrer, was willst du mit mir? Du kannst jeden haben.

Viktoria

Lange wach
Kann immer noch nicht schlafen
One shot only
Zu einer verhängnisvollen Nacht
Im Bunker nackt am Tanzen
Mit einem Bein im Grab
50.000
Und sie haut einfach ab
Blut an deinen Händen
An meinen hab ich Gras

Schimmer

Satinblau in meinen Augen
Aufgelöst in meinem Geist
Schwebend unter Wolke drei
Schluchzend im vertrockneten Gras
Sitzt sie da
Ausgehungert und verbogen
Mir sagte mal jemand, ich sei zu dreist
Steppend heiß und dunkel feucht
Zur gleichen Zeit
Wo mein Herz bricht
Ist wo mein Ego seufzt
Bin ich gefangen zwischen Geltung
Und alles scheißegal
Das Lechzen nach deiner Aufmerksamkeit
War einmal
Die einzige -keit, um die ich mich zerbeiß
Ist die meine Einsamkeit
Ich allein bin ganz mein
Und das alles zur heiligen weißen Zeit

TekTek

Wenn du willst, kannst du hier deine Träume verwirklichen
Wenn du willst, kann ich für dich den Tisch neu eindecken
Silberbesteck und Teller aus Porzellan
Ein Haus mit riesigem Garten
Mit Bäumen, die saftige Früchte tragen
Ein kleiner Teich, in dem Seerosen blühen
Ein Ort, wo wir die Zeit verlieren
Wenn du willst, können wir Sterne pflücken in der Nacht
Eine Decke aus Träumen, die über uns wacht
Wenn du willst, gibt es hier keine Grenzen mehr
Mit einem Lächeln so leicht, wie die Wolken im Wind
Ach du scheiße, doch kein himmlisches Kind

Die Früchte so golden, nun bitter und leer
Ihr Saft bringt Übel, mein Herz wird schwer
Der Teich ist trüb, kein Funkeln im Licht
Die Seerosen welken, sie blühen nicht
Der Wind trägt Geschichten so traurig und kalt
Drama was durch die Stille hallt

Die Decke der Träume zerrissen und rau
Nicht alles, was glänzt, ist wirklich aus Gold
Dein Streben nach Macht
Hat dich um deinen Frieden gebracht
Ein teuflisches Kind
Ganz kläglich und klein
Verspricht so viel, doch hält nichts ein
Kein Stern, der da funkelt
Nur ein falsches Gestein
Denkst dich erhaben, doch wirkst fast banal
Ein Flüstern im Wind, so schwach, so fatal

Rancho

Krokodile und 100 bunte Vögel
Schildkröten und Kühe
Hunde und Don Hugo warten auf mich
Tequila und das feinste Gras
Die Straßen sind staubig
Es sind fast 40 Grad
Es ist so schön hier

-     Ich kacke ab

DON HUGO
Ein interessanter Mann
Das eine Auge blau
Das andere ist braun
So wie er mit mir spricht
Wird mir bange
Er fährt uns Richtung Meer
Der Wind wird stärker
Die Wellen sind hoch
Das Wasser peitscht gegen das Boot
Sein Blick bleibt ruhig
Mein Herz schlägt schnell
Er sagt kein Wort
Doch ich spüre die Last
Von seinen Geheimnissen
Die er einst in den Ozean warf

Er schmeißt sie über Bord
Er weiht mich ein
Also wird sein Verbrechen zu meinem
Ich gebe ihm mein Versprechen
Doch zerreiße insgeheim
Ich helfe ihm still
Danach gibt er mir alles
Alles, was ich will
Sein Haus, seinen Namen
Er macht sich nackt
Doch ich will gar nichts und reise ab

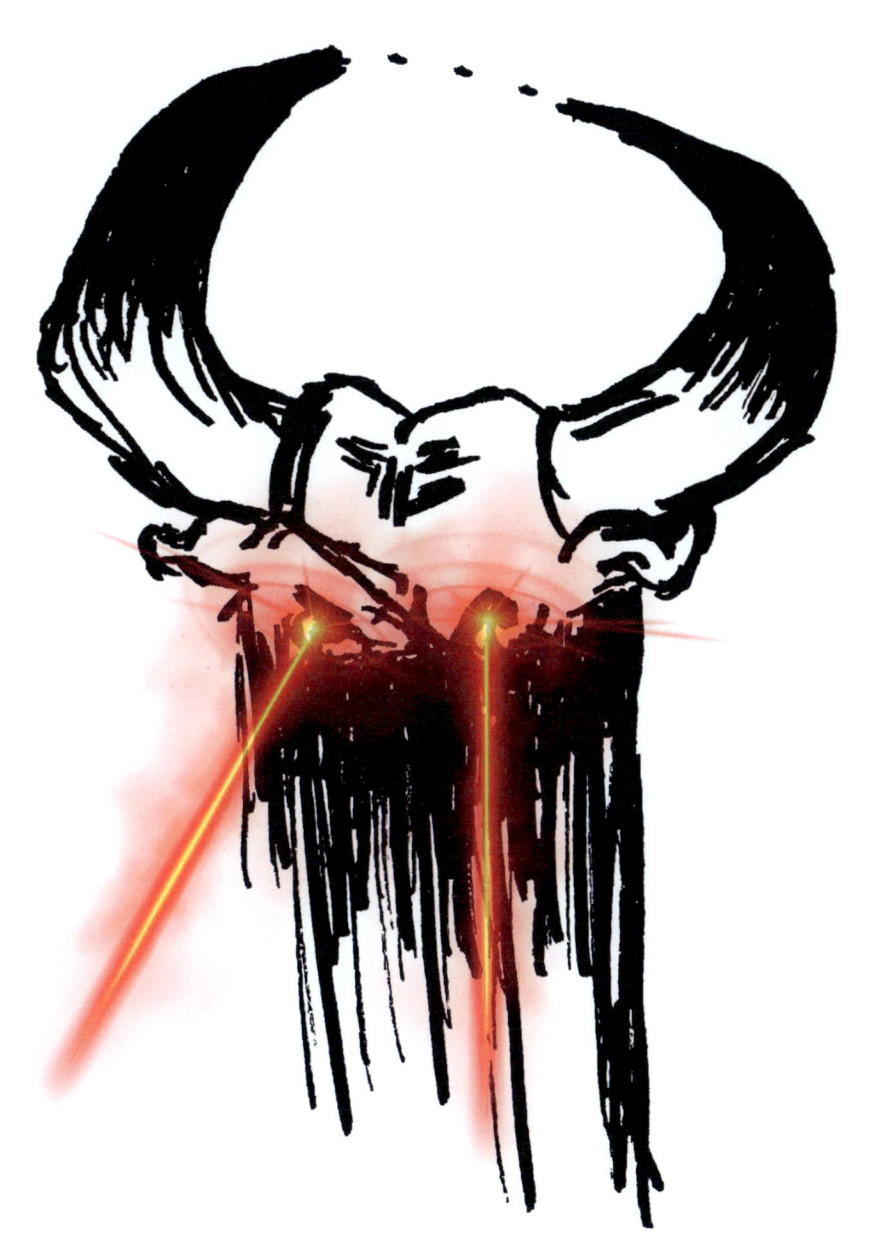

Sandfrau

Sandstraßen
Abgesperrter Garten
Hundegebelle
Ein, zwei schnelle
In seinem Gesicht trägt er Narben
Mit dem Auto durch die Gegend fahren
Traummännchen, lieber Traummann
Es ist noch nicht so weit
Probleme vergessen
Meine eigene Bitterkeit
In Schwarz umhüllt
Ein Leben, das vorbeistreicht
Die süße meiner Blüte
Mein Duft hat ihn zerfressen
In meinen Händen sein Herz zerknüllt
Bis ich es auf den Boden schmeiß
Traummännchen, lieber Traummann
Bitte nimm es mir nicht übel
Denn ich bin noch nicht so weit

Savage

Comeback
Seelen fressen
Mich auf dein Gesicht setzen
In dein Sein einnisten
Keine Bad Bitch
Sondern Savage
Nehme dich an der Hand
Pack dich an deinem Schwanz
Und sehe dir dabei zu, wie dein Herz bricht

Tropfsteinhöhle

Nie wieder Ketten an meinen Händen
Nur noch Wärme in meinen Adern
Triefe aus all meinen Löchern
Mich halten lassen
Schweben in der Stille eines Raumes
Den ich kaum kenne
Doch so verzweifelt suche
In Geborgenheit und Wohl
Obwohl ich es so gern hab
Öffne mich einen Spalt
Und zerbreche in 1000 Splitter
Merke, bin verrückter als meine eigene Mutter
Bin ich nicht fremd in meinem eigenen Blut?
Schockstarre aus Wut
Mein gefrorenes Herz schlägt im Stillen
Verkrieche mich unter der Decke meiner Schatten
Fass mich bloß nicht an
Panik rauscht wie Donner durch meine Knochen
Boxe so lange gegen oben
Bis ich durch die Decke breche und endlich wieder atmen kann
So bitterlich süß, so fieberlich mies
Ich atme auf
Bin so dankbar um die, die mit mir lachen
Meine Leidensgeteilten
Den denen ich alles erzählen kann
Mit mir auf den Scherben tanzen
Als wären wir Psychopathen
Wie Vögel, die den Sturm umarmen
Die, die mich lieben
Mit jeder Kante, jedem Bruch
Die mich lesen wie ein Buch

Freundschaft

Diskutieren
Dir stundenlang zuhören
Dir meine Meinung geigen
Obwohl du sie nicht hören willst
Tja
Ich halt dir einen Spiegel vor
Auch wenn es dir nicht passt
Unterstütze dich
Auch, wenn ich es hätte anders gemacht
Weil du bist du
Und ich bin ich
Wir sind ganz schön unterschiedlich
Streiten auch mal
Du hast mal einen schlechten Tag
Ich bin mal unsensibel
Wir stimmen uns aufeinander ein
Aber das Wichtigste
Wir können über alles reden
Zusammen weinen
Bist mir nicht sauer
Sondern dankbar, dass ich mit dir kommuniziere
Anstatt hinter deinem Rücken
Dich wegzudrücken
Du kennst mich so gut
Du guckst mich an und ortest meinen Mood
Du weißt, was ich brauche
Wie viele Runden ich laufe
Schnaufe
Um mich dann aufzufangen
Dann mit mir zu lachen
Gemeinsam allein abkacken

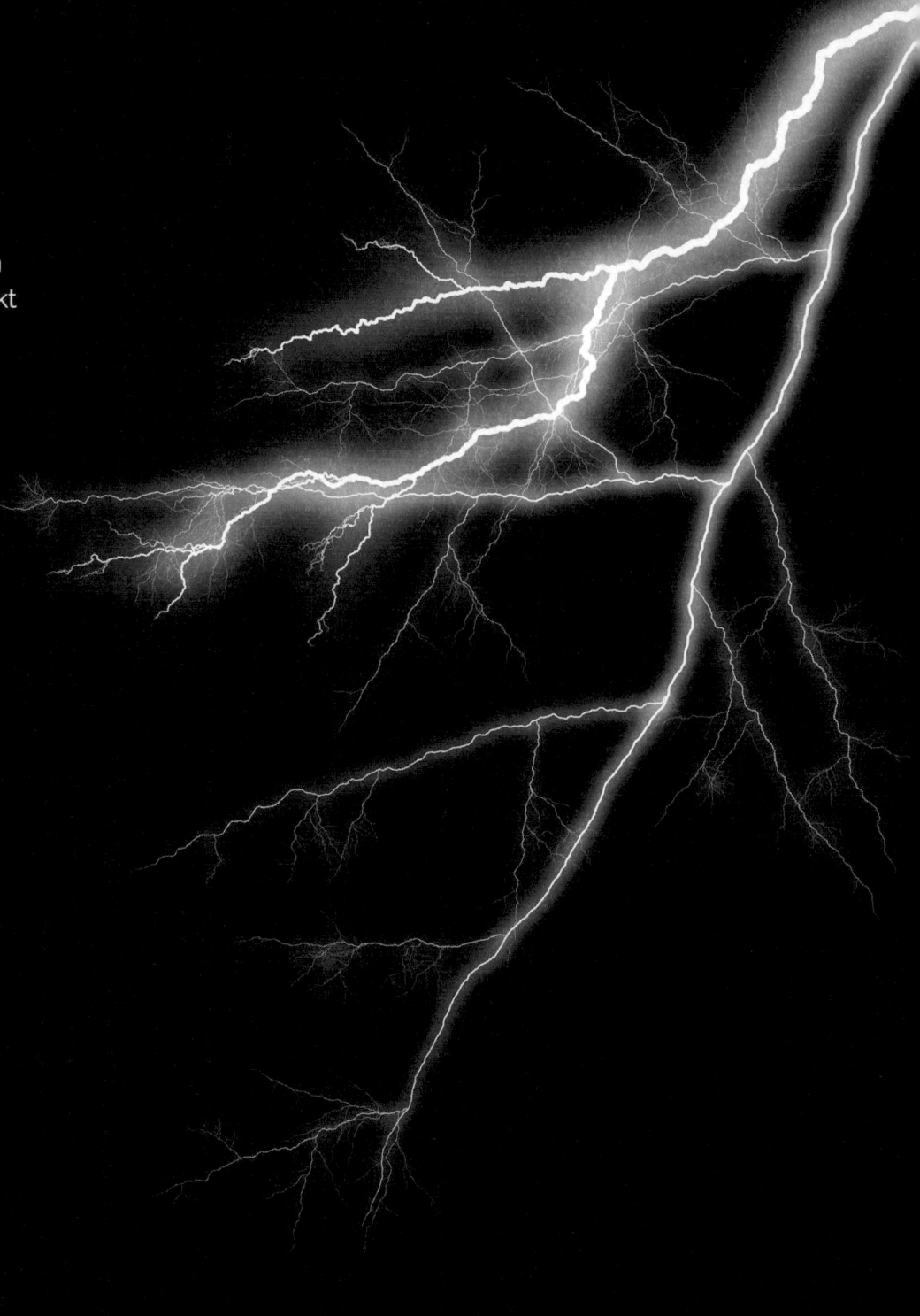

Kalt und warm

Kalt und warm
Im Kindergarten
Verstoßen, abgestoßen
Herangezogen, erdrückt
Niemals beschützt
Allein mit mir selbst
Von dir zerschlitzt
Unten nach oben
Rechts nach links
Bestraft, verletzt
Gefährliche Existenz
In deinen Händen
Ganz klein

Wieso bist du so gemein
Gemein zu mir
Insgeheim zu dir
Verschlossen
Die Geschichte wiederholt sich
Von deiner Mutter zu dir
Von meiner Mutter zu mir
Du stößt mich weg, bevor ich das machen kann
Dabei brauch' ich dich mein Leben lang
Also wieso machst du das
Wieso verletzt du mich mit Absicht
Und gibst es sogar zu
Und da fragt sich einer
Woher kommt meine Wut

Trickster

Lächle, Lächle, ich bettle
Schreie aus gepochtem Rot
Schmerz im Gefühl
Aus der Mitte zum Hals
Desillusionierte Blase
Platz
Quellende Scheiße
Denk nicht so viel
Aber denk mehr
Nimm es locker
Doch versperr deine Sicht nicht
Licht ich
Ohne Licht ich
Nicht
Sicht? Nicht
Wichtig, nichtig
Badabing, Badabum
Ich nackt untenrum

Boobs

I love juice
And juicy, juicy boobs
I take all the juice
From your penis to my fruit
I do the hula hoop
Oops, there is juice on my boobs

AliG im Urbankrankenhaus

Wieder mal am Bluten
Steck mir ein Messer in die Hand
Tu mich nicht beschweren
Wehleidigkeit steht mir nicht
Mag ich nicht an Anderen

Die Welt ist hart
Find dich damit ab
Du kannst es nicht ändern
Außer du fängst bei dir selbst an
Dann bei deinen Freunden

Hab schon so viel gesehen
Selbst so wenig erfahren
Und doch zu viel erlebt
Frau xx bitte
Begleitet von ihren 4 Kindern
Wohnhaft am Hermannplatz

Habe gelauscht
Ich spreche ihre Sprache nicht
Aber so viel verstehe ich
Menschen kommen nach Europa
Opfern sich auf
Ihre Werte und ihr Ansehen
Für ihre Kinder
Für die Wünsche, die sie nicht hatten
Um diskriminiert zu werden
Als Arbeiter in ein System gezwungen
Von leeren Versprechen
Zur kalten deutschen Schulter
Doch beneide sie um ihren Zusammenhalt
Um ihre 4 Kinder, die sie aus Liebe und Respekt begleiten
Die verstehen, was es heißt, nicht willkommen zu sein
Trotzdem bin ich mir sicher
Sie werden dich willkommen heißen

Anti-Liberal

Wo liberale Berlinerin zur Beleidigung wird
Zerreißt sich mein Verstand
Wer sich lieber schlafen legt, als aufzuwachen
Sich blind macht, meint, Deutschland würde sich abschaffen
Hat nicht verstanden, wofür wir stehen
Einigkeit und Recht und Freiheit

Was will der weiße Alpha-Mann uns geben
Den Weg zur deutschen Einsamkeit
Du kommst von Hass und ich von Liebe
Und trotzdem willst du mir verbieten
Mehr als eine Frau zu sein
Ich will, dass wir multikulti bleiben
Denn in dem ganzen globalen Schein
Sind es die verschiedenen Menschen, die uns heilen

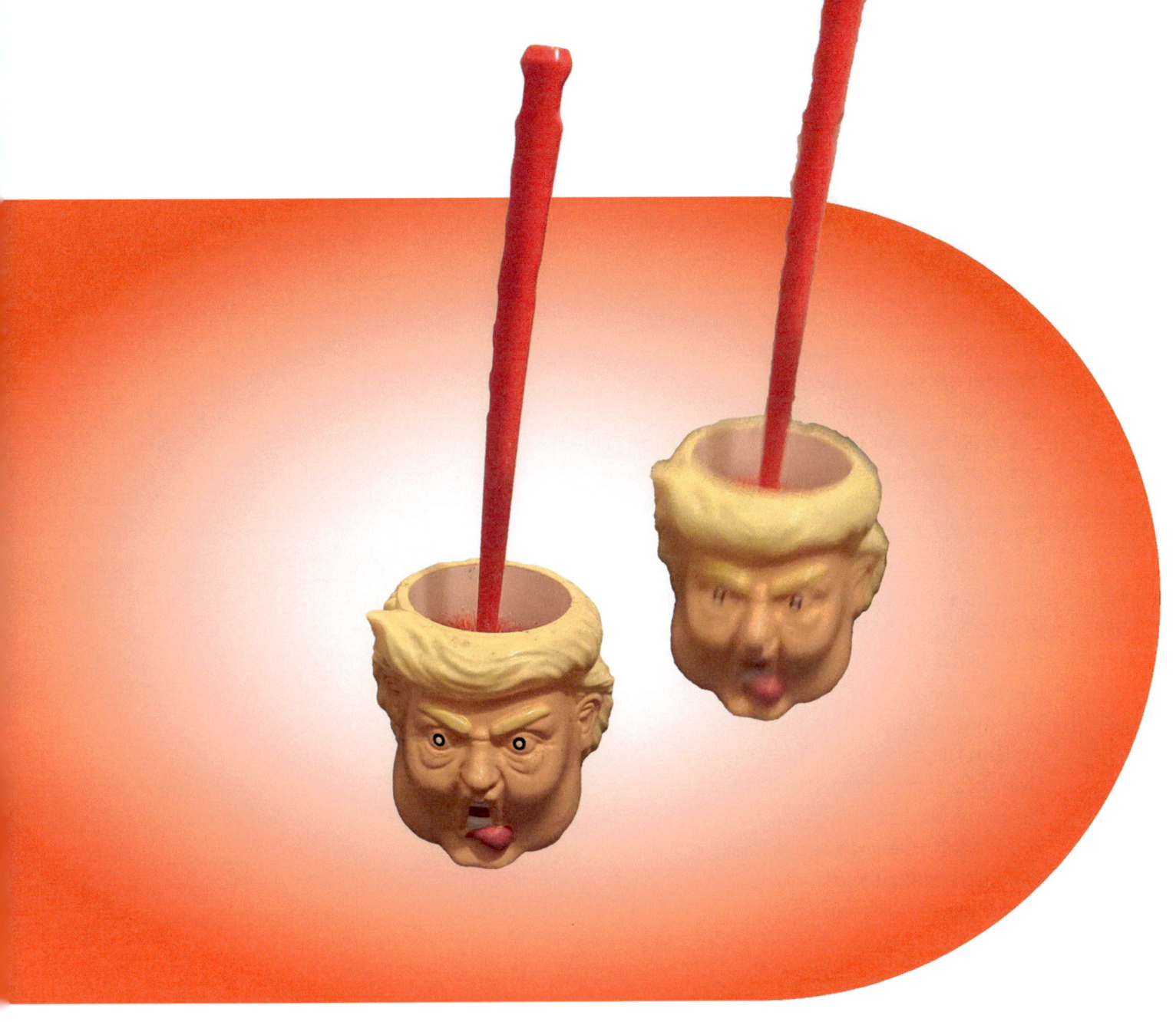

Scheiterhaufen

Mein Verständnis von Kultur setzt mich in Bedrängnis
Weil ich nicht besser bin
Sie wahren, teilen, ohne sie zu verlieren
In Sicherheit geboren
Überschüttet von Möglichkeiten
Doch wann wird der Segen zum Fluch
Wenn so manch einer seine Augen schließt
Vor der großen, weiten Wut
Verblendet und abgelenkt
Denn so, wie wir leben, ist es nicht normal
Und trotzdem bestimmen wir die Welt
Erklären uns selbst zum Held
Unser Mittel: Geld

Wo Gemeinschaft zum obersten Gut wird
Spielt Geld auf einmal keine Rolle
Weil es sowieso nicht da ist
Da es, „hieraus zu schaffen" eine Illusion ist
Wie ein zertrampelter Traum
An den kaum jemand glauben will
Denn warum daran festhalten
Wenn es andere Sorgen gibt
Also machen wir uns es schön
Auf dem Hof meines Onkels
Irgendwo im Nirgendwo
Zwischen Hühnern, deren Federkleid zerfällt
Und Hunden, die blind sind
Auch ohne das alles
Denn es gibt, was es gibt
Und es ist, was es ist

Hier ist die Sorge des Überlebens
Und nicht, welches Auto ich fahre
Also wieso Tränen verdrücken für ein Leben im Westen
Es zählt der Umgang und die Liebe
Und nicht, was ich als Nächstes kriege
Die Lagune voller Legenden
Krokodile aus Gold, die in ihren Geschichten verenden

Und wenn Liebe nicht das höchste unserer Werte ist
Dann kann ich dir nicht in die Augen schauen
Aber wie soll ich zufrieden sein, wenn ich das alles weiß
Der Westen zerstört alles, um in Konsum zu baden
Dabei ist er der, der uns nach immer mehr lechzen lässt
Da sein Hunger unstillbar ist

Wie kann ich dir nicht sagen, du sollst die Fresse halten
Wenn du dich beklagst über dein bitteres Leben
Dabei weißt du nicht, was das bedeutet
Wieso bist du nicht zufrieden mit dem, was du hast
Wenn das, was du hast, mehr ist, als andere sich jemals wünschen können
Sicherheit und ein Staat, der sich kümmert
Und genau das lässt dich verzweifeln, weil du dich trotzdem so fühlst

Von der einen Welt in die andere
Vom kontrastreichen Süden ins einfältige Deutschland
Wie sie um ihr Leben jonglieren
Auf der Straße stehen die ganze Nacht
Von klein auf mit bemalten Gesichtern
Weil es keine Chancengleichheit gibt
Weil wir immer noch in Klassen leben
Und es leugnen

Unser Bestes geben
Aber nicht genug
Wassertanks auf jedem Dach
Vorsicht genießen in der Nacht
Militär, was die Straße streift
Die Marina, die alles doppelt checkt
Aeroméxico, was mich in die Luft bringt
Zurück in mein kaltes Vaterland

Voll vercheckt
Europass rutscht durch
Bisschen flirten an der Grenzkontrolle
Weil niemand mich verdächtigt
Aufgrund meiner Hautfarbe
Meiner blauen Augen
Meiner hellen Haare
Es ist egal, was ich sage
Ich bleibe weiß
Und so die westliche Eitelkeit
Die mir meine Privilegien reicht

In Deutschland beschwert sich jeder
Dabei habt ihr alle keine Ahnung
Habt nie über den Tellerrand geblickt
Um zu erkennen, wie gut wir es haben
Einfach mal durchatmen, Stefan
Und nicht ständig meckern
Sondern einfach mal zufrieden sein mit dem, was wir haben
Anstatt nach immer mehr zu fragen

Einigkeit und Recht und Freiheit

Einigkeit und Recht und Freiheit
Für mein deutsches Vaterland
Zerbricht vor meinen Augen
Brüder ohne Herz und Hand
Einigkeit und Recht und Freiheit
Sind des Glückes Unterpfand
Doch ohne Einigkeit, kein Recht und Freiheit
Ich schäme mich, mein deutsches Vaterland

Wiederaufbau und Wunder brauchten Hilfe
Ein Land zerstört und wüst, doch frei
Ob Griechen oder Spanier
Wir luden sie alle ein
Willkommen, um uns zu unterstützen
Ein Abkommen für die unsere Gastarbeit
Überall, wo wir es brauchten
Denn der Deutsche war sich zu fein

Schwierige Bedingungen und Unterkünfte
Eine große Herausforderung
Aller Anfang ist schwer
Fremdenfeindlichkeit, eine negative Spannung
Konkurrenz um Plätze und Raum
Übergriffe und Diskriminierung
Soziale Isolation und Unzufriedenheit
Kaum Kontakt zur deutschen Bevölkerung

Islamische Bräuche und mediterraner Stil
Kulturelle Unterschiede, Traditionen und Werte
Mehrgenerationenhaushalte
Die Familie als Zentrum, Wärme
Gastfreundschaft und Großzügigkeit
Niemand der sich um sie scherte
Doch innerer Zusammenhalt
Ein Blick ganz anders in die Ferne

Zeit vergeht, Familienzusammenführungen
bessere Bedingungen und Möglichkeiten
Kinder in ihrer neuen Heimat
Viele entschieden sich zu bleiben
Doch das gefällt dem Deutschen nicht
Er möchte das Vermeiden
Denn „Deutschland den Deutschen"
Der Hass wird größer, Mann fängt an zu streiten

Alle so unglaublich unterschiedlich
Die einen fanden ihren Platz im Land
Der eine sitzt im Sprachkurs
Der andere sammelt Pfand
Ein komplexer, langwieriger Prozess
Miss- und Erfolge, manch einer reichte seine Hand
Temporäre zur langfristigen Integration
Wechselseitige Aufgabe verläuft leider oft im Sand

Die deutsche Kultur ist vielfältig
Pünktlichkeit, Ordnung, Zuverlässigkeit
Ein reiches kulturelles Erbe
Mehr als Trauer und Leid
Eine gewisse Distanz, besonders zu Fremden
Direktheit gilt als unfreundlich oder kalt
Die deutsche Geschichte, Vertrauen fällt schwer
Nichts ist so fern wie es vielleicht scheint

Auf dem Rücken der Gastarbeiter
Der Aufschwung ist ihrer
Ausgebeutet und ausgenutzt
Fast schon Verlierer
Unter falschen Versprechungen hergelockt
Doch Sicherheit macht sie zu Siegern
Kannst du das ihnen übelnehmen?
Sie sind Krieger

Gewalt gegen Frauen als komplexes Problem
Traditionelle Normen und Werte
Die der Gastarbeiter sowohl die der Deutschen
Abhängigkeiten und Gerte
Patriarchale Strukturen und mangelnde Bildung
Sodass Verbrechen weniger hinterfragt werden
Traditionelle Einstellungen zu Ehre und Schande
Egal wo, Frauen überall liegen in Scherben

"natürliche Begabungen und Neigungen"
Die Alternativen traditionellen Rollenbilder
Feministische Forderungen abgelehnt
Mutter und Hausfrau und Kinder
Gleichberechtigung der Geschlechter unnötig?
Frauenquote Bullshiterfinder
"Gleichmacherei" a la Höcke, dabei sind wir doch alle gleich
Am Ende geht es um Macht und Gelder

Feminismus bewusst falsch verstehen
Heute ein negativer Begriff?
Gegen Diskriminierung und Ungerechtigkeiten
Er hat uns so viel gebracht, wovor hast du schiss?
Gleiche Rechte und Chancen für alle
Jeder der kein Feminist ist, ist ein Sexist
Ein Arschloch und selbst Opfer des Patriacharts
Und das alles für einen dummen pfiff?

Respekt vor der Menschenwürde
An einem Strang
Demokratie, Solidarität und Rechtsstaatlichkeit
Im Grundgesetz verankert
Einigkeit und Recht und Freiheit
Für mein deutsches Vaterland
Zerbricht vor meinen Augen
Brüder ohne Herz und Hand

Sexismus ist Diskriminierung
Ausländerfeindlichkeit auch
Wir bedingen unsere gegenseitige Freiheit
Sie haben denselben Kern, geben denselben Laut
Bürgerliche Mitte in Angst und Schrecken
Der Rechtsruck haut auf seinen Sündenbock rauf
Um die deutsche Unzufriedenheit zu vertuschen
Mit Rauch im Gebrauch

Das Feindbild der Demokratiegegner
Medien verzerren, kein ausgewogenes Berichten
Sensationsgier und die Verbreitung von Fake News
Hassrede und ne Menge Geschichten
Algorithmen fördern Extreme und Kontroverse
Doch keiner will verzichten
Die Rechten sind organisiert und nutzen das aus
Ängste und Vorurteile, um Wähler abzurichten

Zunehmende weltweite Verflechtungen
Wirtschaft, Politik, Kultur und Umwelt
Fortschritt zu mehr Lebensqualität
Einer verliert, der andere Gefällt
Globalisierung bietet Chancen und Konflikte
Länder ausbeuten, Leben sichergestellt
Konsequenzen werden eiskalt ignoriert
Dann muss es ok sein, wenn es auf uns zurückfällt

Eine neue Ordnung
Alles durchmischt sich, Kulturen kollidieren
Herausforderung und Fortschritt machen Angst
Die machtgeilen Rechten blenden
Wir haben so viele Menschen ausgebeutet
Das ist der Preis, den wir zahlen
Wir müssen lernen zu teilen
Lernen zusammen zu leben

Mein Manifest kommt

Skepsis

Ich denke, ich wäre glücklich, doch das bin ich nicht
Genieße zu wenig Vorsicht
Nehme ein Schluck zu viel
Bis mein Herz aus der Rippe bricht
Lecker, ja, das mag ich
Ohne dich zu riechen
Verschwinde ich in deinen Lippen
Warte ich nehme noch ein Stück
Entzückt geglückt
Hab mir selbst eins ausgewischt

You are insane

Weiß nicht worüber ich mit dir reden soll
Dein was kann ich nehmen
Anstatt, was kann ich ihr geben
So ich seh doch
Wer du bist
Dass du wer bist
Ich hasse Smalltalk
Wer du bist
Was du machst
Ganz ehrlich
Das interessiert mich nicht
Was mich interessiert, ist
Hast du dein Herz am rechten Fleck
Sympathischer als 100.000 Follower
Und deine Arroganz

Übler Beigeschmack

Schattenlauf um Kastenlauf
Deine Fresse vor meinem Lauf
Und ich sauf und lauf
Geradeaus
Verfolge meinen Schatten
Habe mal wieder einen Platten
Kauf mir keine Sachen
Habe nichts zum Lachen
Lachen lachen, Sachen machen
Geld verprassen
Ohne aufzupassen
Dispo Pogo
Atzenmodus
Party Sahne
Ich Banane
Rauch Afghane

Irgendwer

Irgendwie ist es irgendwo zu viel
        Hast du das gesehen?
Oder verliere ich grad das Ziel?
        Halt die Fresse
Ich will nur meine Runde drehen
Bleib kurz stehen
Und frage mich: Wer hat dir ins Hirn
geschissen?
Abgedreht aber Sexi
Warte kurz   grad
        du dachtest   ich meinte
mich?
Falsch gedacht
                Nicht durchdacht
Ja ich stehe ja schon auf
1x umdrehen und weitergehen
Denn es ist mir einfach egal
Was du von mir denkst
        Ich weiß, was das du nicht weißt
        Ich weiß, was nachts durch deinen Kopf schleicht
                wie der Wind dich heimlich beißt
und   wer vor dein Schlösschen scheißt

Fokus Po Kuss

Meine Seele ist entspannt
Seelenruhe
Seele sanft
Ein Tanz mit meiner Seele
Unverbrannt
Ich, ganz entspannt
Atme
Wärme
Meine Lunge füllt sich mit Luft
Ich muss husten

Halts Maul

Will dich riechen
Will dich schmecken
Mich hinter dir verstecken
Muss mich später selbst erschießen
Bitte jemand schlag mich
Komm zieh
Zieh das Lächeln aus meinem Gesicht
Die Sachen, die du sagst
Haben gar keinen Wert für dich
Ich weiß nicht, welches Spiel du spielst
Eins weiß ich
Es bin ich, auf die du zielst
Du kennst mich gut
Du kennst mein Herz
So wie ich den deinen Schmerz
Das Gefühl, dass du mir gibst
Corazon perdoname
A la verga
Neman, das gefällt mir nicht

Das Einzige, was ich will
Ist, dass du mich suchst
Sobald ich weg bin, mich verfluchst
Ständig an mich denkst
Dich meinetwegen erhängst
Doch das Wichtigste für mich
Ist, dass du ehrlich zu mir bist
Von wegen Herrin
Nenn mich Sklavin dieser Diebe
Verführt durch meine eigenen Triebe
Geleitet durch meine viel zu tiefen Gefühle
Denn eins beherrsche ich
Und das ist
Ich kann lieben

Liebe

Viel weniger ein Gefühl
Insgeheim ein Commitment
Des Miteinander-Seins
Der Wille, des zu mir
Und ich zu dir
Wohlwollen gewollt
Zueinander, aneinander, meins
Ohne sich zu verlieren
Und in dir zu verschwinden
Gleichzeitig sich zu finden
Und miteinander schreien

Mehr als nur Worte

Aber sag mal, wir sind doch gleichgestellt
Wo fühlst du dich eingeschränkt
Ich lauf' an dir vorbei, und du denkst
„Würde oder nicht"
Du urteilst ständig
Über das weibliche Geschlecht
Ohne, dass du es merkst
Und du bist ignorant
Zu sagen: „Ja, aber ist doch nur Spaß"
Aber lach' ich?
Nein, ich lache nicht
Ich weine alleine, wenn mich niemand sieht
Weil das tut weh
Also hör mir zu
Bei Sprache fängt Sexismus an
Geht weiter in die Köpfe
Bleibt dann liegen
Als: „Ist schon ok"
„Aber wir sind doch gleichgestellt"
Nein, das sind wir nicht
Wenn ich nach Hause laufe
Muss ich mich mehrmals umdrehen
In der Angst ich werde verfolgt
Weil ja - das ist schon passiert

Wenn ich mich mit einem Mann gut verstehe
Dann will er mich ficken
Obwohl ich einfach nur nett war
Mich in erster Linie als Mensch betrachten
Unsere Rechte werden wieder entzogen
Warum sind wir Rückschrittig
Obwohl wir uns nach vorn bewegen
In meinen Schuhen nur einen Tag
Dann würdest du wissen, was es heißt
Auf der Hut sein zu müssen
Jeder Schritt ein potenzielles Risiko
Nicht nur ein Gefühl
Nein, eine gelebte Erfahrung
Flüsternde Erinnerungen an die Male
Wo ich mich klein machen musste
Zu meiner eigenen Sicherheit
Alltag
Und du redest von Gleichstellung
Als wäre es ein bereits erreichtes Ziel
Alles andere wären nur Details
Doch die sind mein Leben
Es sind deine Worte
Die leichten Witze
Die Blicke, die mich zerlegen
Die Momente, in denen ich verstehe
Ich bin nicht einfach ich
Ich bin ein Objekt der Begierde
Weil du mich darein drückst

Sheytans Höhle

Es sind wieder dunkle Tage
Wo ich mich andauernd Frage, was die Zukunft birgt
Verkrampfe, da sich mir die Luft abschnürt
Untröstlich
Weil es schön ist
Ich lieg nur da
Den ganzen Tag
Schaue Löcher in meine Decke
Stundenlang
Fühl mich wie eine Schnecke
Und habe den Drang, mich zu verstecken
Bis es mir besser geht
Die Sonne am Himmel steht
Und mich wieder anlächelt
Mir wieder den Rücken wärmt
Mir sagt, den Kopf nicht in den Sand stecken
Niemanden das Arschloch lecken
Denn ich muss niemanden etwas beweisen
Also entferne ich mich leise
Atme durch und löse mich
Bis ich find mein Über-Ich
Denn alles wird gut
Auch wenn das Leid dieser Welt niemals ruht
Bin es doch ich die Frieden finden muss
Denn am Schluss muss muss

Mi mente tiene mas fuerza q mi corazón

18:10 ✓✓

Treibsand

Will allein sein
Nur mit mir sein
Ohne jemanden sein
Und trotzdem nur dein sein
Will mich versprechen
Ohne mich zu vergessen
Will dir gehören
Dich betören
Aber mir nichts sagen lassen
Den Absprung nicht verpassen
Meine Ziele erreichen
Weiterhin durch die Nacht schleichen
Mit dir und auch allein
Ich will mehr als einfach nur sein
Will fliegen
Meine Kämpfe besiegen
Will, dass du mich siehst
Dass du mich riechst
In deinen Armen wiegst
Mir deine Geheimnisse teilst
Mit mir weinst
Bis der Tod uns teilt

Wird etwas schwierig
Bin gierig
Nach meiner Freiheit
Aber auch nach Zweisamkeit
Bin süchtig nach Liebe
Gefesselt an meine Begierde
Liebe viel zu doll, verlier mich schier
Doch habe unglaublich Angst vor ihr
Kann nicht mit ihr umgehen
Tu mich dauernd umsehen
Zu akzeptieren, dass mich jemand liebt
Mir, ohne was zu wollen, gibt
Zu glauben, dass du ehrlich bist
So ein Mist
Kriege sogar Panik
Versunkene Titanic
Fass mich nicht an
Verlaufe wie Sand
Werde eiskalt
Eigentlich brauche ich nur ein bisschen halt

Pessimist

Versuche zu schreiben unter falschem Optimismus
Suche nach meinem eigenen Rhythmus
Ruhe mich nicht aus, sondern laufe weiter geradeaus
Ertrunken in Erinnerungen
Voller Überzeugungen
Umarmung des Höllenfürsten
Egal, welche Ballata mir der Mond kürt
Ich komme runter, tanzend
Rechnen tue ich auch
Ich möchte meinen Körper verranzen
Gar nicht mal so schlau
Wie der Schlachter den Kadaver
Ein Knick in jeder meiner Adern
Heißes Blut, was in ihnen tobt
Doch mein Gewissen ist immer genauso groß
Wie die meinen mentalen Probleme
Doch das, was ich sehe
Ich bin mir so sicher, wie der labile in einem Kettenkarussell
Langsames Gekicher
Die Zeit vergeht zu schnell
Mein Schweigen sagt mehr als jeder noch so volle Satz von dir
Hinterher stattdessen
ein Dessert verzehrt von mir
Damit ich mich gehört fühle, muss ich niemanden anschreien
Grüble verloren in meinem Sein

Weine in mein Kissen, denn ich würde gerne wissen
Um geradeaus zu laufen was ist der Modus?
Umso mehr ich es versuche, desto mehr verliere ich meinen Fokus
In der Brandung meiner Gischt
Lüge, wenn ich sage, ich hasse dich
Dann hasse ich mich, weil ich zugeben muss, dass ich dich immer noch misse
Woher soll ich wissen, dass ich es nicht will, wenn ich es nie hatte?
Aber dich zu sehen ist, woran ich zuletzt dachte
Ich erfinde mich in den Armen von Morpheus
Mein Koryphäus
Denn eigentlich will ich dich nicht
Doch Eros besudelt mich
Wir wissen nicht, ob wir leben oder überleben
Meine Fehler konvertiere ich in innere Trophäen
Mit meiner Art und Weise zu leben
Das Große und Ganze zu sehen
Liebe ist, worauf ich hoff
Bin ganz ruhig in meinem eigenen Kopf
Während du voller Angst im Pool planscht
Surfe ich zwischen meinen Meeren
Wo ich mich gleichzeitig verstecke
Ich kann nicht nach dem Himmel lechzen
Und gleichzeitig meine Füße sehen
Deshalb sitzt mein Blick auf meiner Mitte
Was mich innerlich zerreißt
Aber bitte sag nicht das, was du weißt
Du hast das Herzstück nie gesehen
Also sag nicht, was du glaubst, zu wissen
Denn am Ende ist dein Verstehen voller Risse

Wat soll ich sagen Bruder

Dichterin im Sinn
Im Sinn der Weite
Wer auch immer, vergib mir meine Sünden
Kein Glaube
Trotzdem hoff ich auf Erlösung
Dichtere Denkerin stattdessen
Gefundenes Fressen

Du oder ich
Sodass dein Anti zerbricht
Ja, die Antwort, das ist die Liebe
Oder mal den Stuhl verrücken
Anders durch dein Schlüsselloch blicken
Eine Blume wächst nur da, wo unten oben ist
Trotzdem unten bleibt
Und dein Rechts, mein Links
Kein muss, sondern ein Plus
Aber wat willste machen
Am Ende war ich dichter
Ganz sicher nicht dein Richter

Männer lol 3.0

Wochen lang habe ich gelitten
Mich mit mir selbst zerstritten
An mir gezweifelt
Mein Herz in Stein gemeißelt
Hast meine Grenzen überschritten
Mit deiner Hand in meiner Hose
Lag ich da
Erstarrt
Hab sie rausgezogen
Mehrmals nein gesagt
War dir scheißegal
So lag ich da
In Schock ganz starr

Der Anwalt sagt ich kann dir nix
In mir Chaos
Fühl mich ganz klein
So als hätte ich nur ein Bein

Muss mir selber helfen
Habe mir geschworen
Kein Mann bringt mich zu Boden
Also nehme ichs selbst in die Hand

Und sieh einer an
Alle haben sie dich verbannt
Ohne, dass ich darum bitten musste
Ich hab einfach nur die Wahrheit erzählt
Nicht mal, um dich zu zerstören
Sondern, damit andere Frauen mich hören
Nicht auf dich hereinfallen
Und dann bitter in dein Loch knallen
Gefangen sich ekeln
Sich in ihren Träumen rekeln
Und nie wieder daraus kommen

Nicht mehr
Du berührst mich nicht
Du unterhältst mich
Finde dich lächerlich
So wie du dasaßt
Mit deinem Hundeblick
Und betteln sagst: ich will garnicht so sein
Boah du bist so ein Schwein
Denk halt vorher drüber nach
Was du tust und was du sagst
Kann Menschenleben zerstören
Du tust dich daran stören
Ansatt mir zuzuhören
Sagst du, dass ich übertreib
Du tust mir einfach leid

Ein guter Jäger verrät niemals seine Tricks an seine Beute. 😌

Kurz verschwunden

Mein Licht es scheint so stark
Sodass es mich erdrücken mag
Die Krone ist schwer
Der Kopf er drückt
Ich dimme den Stern, der mich schmückt

Merke selbst, wie dumm von mir
Musste immer stark sein
Doch habe keine Lust mehr
Will kurz verschwinden, um dann wieder aufzustehen
Atme durch und gehe weiter
Immer weiter geradeaus
Befreie mich schließlich aus meinem Schneckenhaus

Geborgenheit Sicherheit Behaglichkeit Ruhe Intimität Einsamkeit Melancholie zurück

sich zurückziehen verletzt Unsicherheit Schutz Geduld Entschleunigung Gelassenheit

Demut Nostalgie Isolation

E N H i G L Z
X K G Ü R N
C U U R

Im Takt des Feuers

Steh auf, wenn der Sturm deine Schritte erschwert
Wenn der Boden bricht und die Welt dich belehrt
Stärke fällt nicht vom Himmel, is klar
Sondern wächst in der Dunkelheit, so rar

Du bist das Licht, das die Schatten verschlingt
Der Klang einer Stimme, die Wahrheit erzwingt
Kein Käfig, kein Zweifel hält ewig Bestand
denn dein Herz schlägt im Takt einer Flamme – gebannt.

Jeder Fehler, ein Pflaster, das Wunden heilt
Jede Narbe erzählt, was das Leben teilt
Von Bleifisch zu Haifisch, ein Sprung in das Meer
Vom Grund aufgestiegen, ganz langsam und schwer

Kein Gewicht kann dich halten, kein Netz dich umspannen
Du bist Sturm in den Wellen, kannst alles entflammen
Von leise zu laut, von verborgen zu frei
Kleine Taten sind besser als endloses Geschrei

Credits

Ein herzliches Dankeschön an die Künstler, die diesen Gedichtband mit ihrer Arbeit bereichert haben:

BOZR
Titel-Tagging auf dem Cover
Taggs für die Gedichte: *am Arsch*
weitere Taggs: AliGo30

Cuervo negro
Wegui (ursprünglich ein Tattoo auf Zapotekisch), beigefügt zu dem Gedicht *Savage*

Credits

Ich möchte mich ebenfalls von Herzen bei allen bedanken, die mir in meinem Leben zur Seite stehen. Bei denen, die mich so akzeptieren, wie ich bin, mich nicht verurteilen, sich mit mir freuen und in schweren Zeiten an meiner Seite bleiben. Besonders danke ich denjenigen, die immer ehrlich zu mir sind, die den Mut haben, mir ihre Gedanken offen mitzuteilen. Eure Unterstützung und Aufrichtigkeit bedeuten mir mehr, als Worte je ausdrücken könnten.